Le Dialogue

FRANÇOIS CHENG
de l'Académie française

Le Dialogue

Une passion
pour
la langue française

PRESSES ARTISTIQUES ET LITTÉRAIRES DE SHANGHAI
DESCLÉE DE BROUWER

© Desclée de Brouwer, 2002
76 *bis*, rue des Saints-Pères, 75007 Paris
www.descleedebrouwer.com

ISBN 2-220-05089-0

Dédicace

Le diamant du lexique français, pour moi, c'est le substantif « sens ». Condensé en une monosyllabe – sensible donc à l'oreille d'un Chinois – qui évoque un surgissement, un avancement, ce mot polysémique cristallise en quelque sorte les trois niveaux essentiels de notre existence au sein de l'univers vivant : sensation, direction, signification.

Entre ciel et terre, l'homme éprouve par tous ses sens le monde qui s'offre. Attiré par ce qui se manifeste de plus éclatant, il avance. C'est le début de sa prise de conscience de la Voie. Dans celle-ci, toutes les choses vivantes qui poussent irrésistiblement dans un sens, depuis les racines vers la forme du plus grand épanouissement, semblent traduire une intentionnalité, celle même de la Création. D'où le lancinant attrait de l'homme pour la signification qui est le sens de sa propre création, qui est de fait la vraie « joui-sens ».

F. C.

Le destin a voulu qu'à partir d'un certain moment de ma vie, je sois devenu porteur de deux langues, chinoise et française. Était-ce tout à fait dû au destin ? A moins qu'il y entrât tout de même une part de volonté délibérée ? Toujours est-il que j'ai tenté de relever le défi en assumant, à ma manière, les deux langues, jusqu'à en tirer les extrêmes conséquences. Deux langues complexes, que communément on qualifie de « grandes », chargées qu'elles sont d'histoire et de culture. Et surtout, deux langues de nature si différente qu'elles creusent entre elles le plus grand écart qu'on puisse imaginer. C'est dire que, durant au moins deux décennies après mon arrivée en France, ma vie a été marquée par un drame passionnel fait avant tout de contradictions et de déchirements. Ceux-ci, toutefois, se sont transmués peu à peu en une quête non moins passionnelle lorsque j'ai opté finalement pour une des deux langues, l'adoptant comme outil de création, sans que pour autant l'autre, celle dite maternelle, soit effacée purement et simplement. Mise en sourdine pour ainsi dire, cette dernière s'est transmuée, elle, en une interlocutrice fidèle mais discrète, d'autant plus efficace que ses murmures, alimentant mon inconscient, me fournissaient sans cesse des images à métamorphoser, des nostalgies à combler. Rien d'étonnant à ce que depuis lors, au cœur de mon aventure linguistique orientée vers l'amour pour une langue adoptée, trône un thème majeur : le dialogue. Ce thème a illuminé mon long cheminement ; il m'a procuré maintes occasions d'exaltation et de ravissement chaque fois que la symbiose patiemment recherchée se réalisait comme par miracle, une symbiose qui, en fin de compte, m'a porté et continue à me porter bien plus loin que ce que je pouvais présager au départ.

★

Aventure linguistique, ai-je dit. Avant de pouvoir la conter de façon éclairante, il me paraît nécessaire de passer par une ou deux réflexions préalables ; celle, par exemple, qui porte sur le mystère même du langage humain. Une langue, n'est-ce pas, c'est quelque chose qui vous est donné en vrac, sans réserve aucune, qui depuis votre naissance vous permet de tout dire, de raconter tout ce qui vous passe par la tête, de décrire aussi tout ce qui se fait dans le monde extérieur. Cela devrait donc être quelque chose d'évident, d'universel, d'immédiatement accessible à tous. Et pourtant, force nous est de constater, avec stupéfaction, qu'il n'y a pas de système constitué plus étanche, dressant des barrières aussi sévèrement gardées, difficilement franchissables aux yeux de quelqu'un qui n'a pas la chance de « naître dedans ». Passé la stupéfaction, on se rend compte alors d'un autre aspect de toute langue, qui fait justement sa complexité et son mystère. C'est qu'un idiome n'est pas seulement un instrument objectif de désignation et de communication ; il est également le moyen par lequel chacun de nous se fait progressivement, ce par quoi chacun se forge un caractère, une pensée, un esprit, un monde intérieur mû par des sensations et des sentiments, des désirs et des rêves. Une langue prend en charge notre conscience et nos affectivités. Et à un degré plus haut, elle est ce par quoi l'homme est à même de se dépasser en accédant à une forme de création, puisque toutes nos créations, au sens large, sont un langage. Je parlais du mystère du langage humain ; je suis prêt à affirmer à présent que c'est dans le langage, toujours au sens large, que réside notre mystère. C'est bien au moyen de notre langue, à travers notre langue, que nous nous découvrons, que nous nous révélons, que nous parvenons à nous relier aux autres, à l'univers des vivants, à quelque transcendance en laquelle certains d'entre nous croient.

Comment s'étonner dès lors que l'apprentissage d'une langue ne soit un processus essentiel et complexe ? Plus qu'une affaire de mémoire, on doit mobiliser son corps, son esprit, toute sa capacité de compréhension et d'imagination, puisqu'on apprend non un ensemble de mots et de règles, mais une manière de sentir, de percevoir, de raisonner, de déraisonner, de jurer, de prier et, finalement, d'être. Quant au cas de quelqu'un qui se propose d'apprendre une autre langue, à partir d'un âge relativement tardif, non pour mener une conversation dans une soirée, lire quelques livres ou faire du tourisme, mais vraiment apprendre, c'est-à-dire s'investir tout entier dans cette langue, y inscrire les chiffres de son destin au point d'en faire un instrument de survie, ou de création, cela relève d'un défi insensé. On imagine aisément tout l'effort qu'une telle entreprise exige, la patience comme la persévérance, la détermination comme la passion. C'est l'aventure qui m'est arrivée. Vaut-elle d'être contée ? Sans doute non si je me complaisais à relater mes heures de labeur et de découragement, cette lancinante conscience d'un objet qui semblait décidément hors d'atteinte, à m'attarder – histoire de rendre la chose plus attrayante – sur des situations anecdotiques où, par manque de maîtrise de la langue, je commettais des maladresses qui frisaient le ridicule, des quiproquos qui confinaient parfois au comique. Il y aurait quelque réel intérêt en revanche si je réussissais à décrire comment, à partir du terreau de ma langue maternelle, le chinois, je suis entré, par étapes ou par bonds, dans la langue française, à préciser en quoi consistèrent les richesses que j'ai pu tirer de ce mariage à la fois d'amour et de raison, quelles furent les métamorphoses qui se sont effectivement opérées en moi.

Mais avant de procéder au récit et à l'analyse de l'aventure en question, je juge indispensable une autre réflexion concernant cette fois-ci le cadre plus large de la culture à laquelle toute langue est viscéralement liée.

Après avoir constaté qu'une langue spécifique génère des barrières difficiles à franchir, n'y a-t-il pas lieu d'étendre notre interrogation sur la culture, dont on se plaît en général à souligner le caractère singulier, voire monolithique ? Selon cette opinion répandue, toute culture forme un bloc si irréductible qu'elle serait réfractaire à la transmission par rapport à une autre culture. Pour ma part, autant j'adhère pleinement à l'idée que toute personne est singulière, intrinsèquement unique, dans la mesure où demeure en elle le mystère de l'Être, autant je suis enclin à mettre un bémol à la thèse de l'« irréductibilité » d'une culture, laquelle n'est en réalité que le produit collectif d'un grand groupe de personnes vivant ensemble et qui mettent justement en valeur leur part « partageable ». Certes, chaque être est unique, ce qui fait la riche fécondité de l'ordre de la Vie, mais, paradoxalement, cette unicité de chacun ne peut prendre sens, n'est à même de se révéler et de s'épanouir que dans l'échange avec d'autres unicités, et la langue et la culture, valables pour une collectivité, ont précisément pour fonction de fixer des règles et des croyances communes, afin de favoriser cet échange et cette circulation. L'image idéale d'une culture n'est-elle pas un jardin à multiples plantes qui rivalisent de singularité et qui, par leurs résonances réciproques, participent à une œuvre commune ? Puisque échange et circulation il y a au niveau d'un groupe d'hommes, pourquoi ceux-ci ne marcheraient-ils pas entre les cultures, surtout lorsque celles-ci cherchent à tendre vers une forme de vie vraiment ouverte ? Il y faut bien entendu beaucoup de temps et un minimum d'humilité. A charge pour chacun, au terme de cette co-naissance, d'assimiler ce qui lui semble enrichissant et profitable.

★

Ce point de vue, peut-être naïf, « optimiste » en tout cas, sur la possibilité pour les cultures de se relier et, par là, de s'interpénétrer, est fermement ancré en moi. Il vient probablement du vieux fonds de la pensée cosmogonique chinoise. Je pense qu'il serait utile, d'ores et déjà, de la rappeler sommairement ici – car, pour ce qui est d'une réflexion plus approfondie sur l'échange de la pensée chinoise et de celle de l'Occident, sur ce que chacune peut apprendre de l'autre, je la développerai vers la fin du présent texte, lorsque je serai parvenu à relater mon itinéraire personnel – dans la mesure où, de fait, elle a toujours motivé et guidé ma démarche à travers tant d'obstacles. L'essentiel de cette cosmogonie, une vision de l'univers vivant et de la place de l'homme, peut être résumé de la manière suivante. Selon une intuition foncière nourrie par des observations, et à partir de l'idée du Souffle, les penseurs chinois, surtout de tendance taoïste, ont avancé une conception unitaire et organiciste de l'univers créé, où tout se relie et se tient, le Souffle étant l'unité de base qui anime et relie entre elles toutes les entités vivantes. Dans cet immense réseau organique, ce qui se passe entre les entités compte autant que les entités elles-mêmes. Car le fonctionnement du Souffle est ternaire ; on distingue en effet trois types de souffle qui agissent en concomitance : le Yin, le Yang et le Vide-médian. Ce dernier, un souffle en soi, est là lorsque le Yin et le Yang sont en présence. Il est indispensable ; c'est lui, lieu de circulation vitale, qui aspire et entraîne ceux-ci dans le processus d'interaction et de transformation mutuelle.

Au cœur de la cosmologie chinoise, pour figurer le rouage de base du fonctionnement de l'univers vivant, il y a donc cette triade taoïste Yang-Yin-Vide-médian. A celle-ci, les confucéens vont en proposer une autre plus centrée sur la place de l'homme et qui est Ciel-Terre-Homme. De fait, il y a correspondance, terme à terme, entre les deux triades, étant donné que le Ciel relève du principe Yang, la Terre du principe Yin, et que l'Homme, par son esprit, est capable de la régulation par le Vide-médian. Il doit, pratiquant la Voie du Milieu juste, participer en Troisième à l'œuvre du Ciel et de la Terre. Nous venons d'utiliser le terme « Voie », en chinois « Tao ». Celui-ci est une notion centrale commune aux deux courants de pensée taoïste et confucéen : il désigne l'immense marche de l'univers vivant, une Création continue. Comme le terme a double sens, le chemin et le parler, il se prête au même type de jeu homophonique qu'en français : Voie – Voix. Appliqué au destin spécifique de l'homme, il suggère une tâche, voire une mission dont l'homme, devenu un être de langage, doit s'acquitter : celle de dialoguer avec l'univers vivant, cela à tous ses niveaux constitutifs, c'est-à-dire avec les êtres humains bien entendu, mais également avec la Nature, le Cosmos, et un ordre supérieur désigné par le terme « Ciel ».

Telle est la vision idéale que propose la pensée chinoise. D'aucuns la trouveront peut-être simpliste, naïve. Elle a le mérite d'être cohérente et, surtout, elle affirme la confiance en l'ordre universel de la Vie, fondé non sur la séparation étanche entre les unités constituées mais sur la reliance qui permet la circulation et l'interaction.

★

Cette vision foncièrement ouverte que le taoïsme tente d'aviver tout au long de l'histoire de la pensée chinoise, concurremment au confucianisme, semble en contradiction avec l'idée reçue d'une Chine immuable et monolithique. C'est ici que, en réfutant cette idée, il convient d'apporter les ultimes précisions préalables, nécessaires à la compréhension de mon itinéraire personnel.

Il est vrai que, pour des raisons géographiques – l'océan à l'est, la chaîne de l'Himalaya au sud-ouest, les régions désertiques au nord-ouest –, la lente gestation de la Chine archaïque fut longtemps confinée dans ses limites naturelles. Mais, à l'intérieur de ce vaste territoire parcouru, d'ouest en est, par deux fleuves parallèles, que de conflits d'autorité et de querelles d'ordre idéologique entre les royaumes et entre les écoles de pensée ! Comme le démontra avec éloquence, vers le Ve siècle avant J.-C., la féroce rivalité entretenue par ce qu'on appelle les Cent Écoles. Finalement s'en sont dégagés deux grands courants, dont la naissance, à l'origine, peut être située par rapport aux deux fleuves : le confucianisme, dans la plaine centrale du Nord, arrosée par le fleuve Jaune, et le taoïsme, dans le bassin du Yangzi, au centre sud. Si le confucianisme, soucieux de l'engagement de l'homme au sein de l'univers et de la société, animé de principes éthiques, a été adopté par le pouvoir comme doctrine d'État (et du coup sclérosé et rétréci par cette adoption même), le taoïsme ne cesse souterrainement de s'opposer à lui en prônant l'idéal de la liberté de l'esprit humain et la communion totale avec la nature.

Malgré ce bouillonnement interne, le pays aurait pu demeurer un théâtre clos. Or ce ne fut pas le cas. Par-delà les frontières du Nord-Ouest s'étendaient des déserts, des steppes et des pâturages peuplés de tribus nomades, lesquelles, par temps de calamités, se mettaient en mouvement à la conquête de terres plus fertiles, faisant craquer les deux bouts extrêmes du continent eurasien, l'Occident et la Chine. Dès les premiers siècles de notre ère, et au long de l'histoire chinoise, se sont succédé ainsi les incursions ou occupations des Huns, des Turcs, des Mongols, des Mandchous, etc. Tous ont ébranlé le vieil empire ; certains, après les destructions, y ont infusé du sang nouveau. Mais, sur le plan culturel, aucun d'entre eux n'a pu apporter les influences positives et transformatrices dont la Chine aurait eu besoin.

La première fois que la Chine a eu connaissance d'une autre culture ayant atteint un haut degré de maturité, ce fut par l'Inde, cela par le truchement du bouddhisme vers le IVe siècle de notre ère. Elle s'est ouverte alors à cette religion. Par son sens du péché et son souci du salut de l'âme, par les notions de niveau et d'étape dans la méditation, et par sa pratique de charité généralisée, le bouddhisme constitua un enrichissement pour la pensée chinoise ; il contribua au néo-taoïsme et, plus tard, au néo-confucianisme. Lui-même s'est laissé influencer par le taoïsme, aboutissant à l'école du Chan (Zen). Toujours est-il qu'à partir de la dynastie des Tang (VIIe-IXe siècles), la Chine ancienne se reconnaissait comme la terre où cohabitaient les *San-jiao* (« Trois Religions »). Il s'ensuivit plusieurs siècles de créations effervescentes, que les historiens qualifient de Renaissance chinoise. La Chine connaissait donc le bienfait de l'apport extérieur ; et l'on ne souligne jamais assez le fait qu'elle a embrassé le bouddhisme, non pas à la suite d'envois massifs de missionnaires ou de conquêtes militaires, mais grâce à l'inlassable recherche de disciples et de pèlerins chinois eux-mêmes. Plus tard, l'islam s'implantera dans certaines provinces périphériques de l'Ouest. Plus tard encore, à partir du XVIIe siècle, avec la venue des premiers missionnaires, le christianisme pénétrera en Chine et continuera à se répandre. Force nous est de constater un fait paradoxal : en dépit de restrictions ou de répressions, mais en l'absence de véritables guerres de religion, la Chine est une des terres où cohabitent toutes les grandes spiritualités de l'humanité.

D'une façon générale donc, l'introduction d'une culture dans une autre passe d'abord par la religion. C'est le cas de la pensée indienne en Chine par le bouddhisme. C'est aussi le cas de la pensée occidentale par le christianisme. Toutefois, ce qui s'est passé pour le bouddhisme n'a pu se reproduire avec le christianisme. Celui-ci connaîtra beaucoup d'embûches. Si le début de sa pénétration en Chine, vers la fin des Ming (début XVIIe siècle), était tout à fait prometteur, entre-temps il y eut l'ordre implacable établi par les Mandchous, les Querelles des rites, des guerres désastreuses pour la Chine tout au long du XIXe siècle. Au XXe siècle, avec la fondation de la République en 1912, la Chine entra tant bien que mal dans la modernité. Mais ce vieux pays trop vaste et trop peuplé, trop ancré dans d'anciennes féodalités, va connaître encore un siècle de tourmentes et de soubresauts. Les événements violents se succèdent : expédition au Nord contre les seigneurs de la guerre (1925-1927), guerre civile entre nationalistes et communistes (1928-1936), guerre de résistance contre les Japonais (1937-1945), guerre civile de nouveau (1946-1949).

Pour se sortir d'elle-même, pour se transformer, la Chine savait bien qu'il lui fallait échanger avec une autre culture hautement développée, que le dialogue avec l'Occident était incontournable. Pour parer au plus urgent, une partie de ses forces vives a embrassé le marxisme sous sa forme la plus radicale. Le régime communiste fut établi en 1949. On en connaît le résultat un demi-siècle après. D'autres hommes de conscience savaient dès le début qu'un vrai échange avec l'Occident exigeait de le connaître en profondeur, de s'initier à tout ce qu'il a engendré de meilleur, sa science certes, mais combien aussi sa philosophie, sa littérature, ses arts. Aussi, dès les années 1920, un gigantesque travail de traduction, d'abord désordonné, puis plus systématique, a-t-il été entrepris. Un jeune homme, né dans la Chine du XXe siècle, pourvu qu'il soit animé par la soif de connaître, tendu vers le vrai et le beau, se trouve à même d'accéder, par les livres traduits, à ce qui vient d'ailleurs, et plus spécifiquement de l'autre bout du monde.

C'est dans ce contexte historique que se situe mon itinéraire personnel.

★

Ce qui va suivre traitera donc des liens de passion que j'ai entretenus avec les langues et qui auront marqué ma vie. Dans cette optique, je ne donnerai d'éléments biographiques que ceux qui serviront directement mes propos. Commençons tout de suite par la période d'éveil durant laquelle a commencé ma prise de conscience de la beauté de la nature, comme de la réalité dramatique du monde. Déjà a germé en moi un besoin de m'exprimer par les quelques faibles moyens à ma disposition : collages d'images et de textes découpés dans des revues, fragments de journal intime, expressions orales par lesquelles je relatais contes et histoires lus mais réinventés par moi. Période qui correspondait aux premières années de la guerre de résistance contre les Japonais : 1937 (commencement du conflit ; massacre de Nankin) ; 1938 (exode en remontant le fleuve Yang-zi et en passant par les grandioses Trois Gorges) et 1939-1940 (installation à Chong-qing, au Sichuan ; puis, sous les bombardements, fuite vers la campagne, où la luxuriance du paysage consolait de tout). J'avais alors dix ou onze ans.

Il fallut attendre mes quinze ans pour que, grâce notamment à la rencontre de quelques jeunes poètes, je découvre la littérature. L'horizon s'était déchiré devant moi. Quinze ans, est-ce un âge précoce, ou tardif ? Peu importe. La vérité est que, à un moment où, menacée par la guerre et par des épidémies de toutes sortes, la vie de chacun paraissait ne tenir qu'à un fil, la littérature, ouvrant un univers de signes sans limites, capable de prendre en charge tous les aspects de notre vécu, de sonder le mystère de notre destin, ne se présentait pas comme une distraction. Plus qu'une évasion, elle se révélait vitale. On lisait naturellement les grands auteurs anciens et contemporains de Chine. Mais, l'apprentissage de l'anglais aidant, on passait très vite à la littérature occidentale. On plongeait avec frénésie dans les œuvres des grands auteurs anglais, allemands, français, russes. D'autres faits, apparemment anodins, ont favorisé mon ouverture à la littérature. Comme notre lycée était proche d'une station thermale connue pour ses bains de source chaude, nous avons bénéficié des conférences données par des écrivains de passage ; je me souviens notamment de Gao Zhi, traducteur de Tolstoï et de Dostoïevski, et de Ai Wu, un écrivain ayant mené une vie de vagabondage et qu'à l'époque on comparait volontiers à Gorki. Et l'image de quelques poètes du groupe Juillet, lancé par le grand critique littéraire Hu Feng, aperçus dans une maison de thé, tous pauvrement vêtus mais au regard ardent de dignité, m'a confirmé dans ma détermination de devenir poète. La fin de mes études secondaires, en août 1945, coïncida avec la fin de la guerre. Le pays exsangue, miné par la corruption, en proie à la guerre civile, jeta la jeunesse dans le désarroi et la révolte. Terriblement perturbé moi-même, je connus un temps d'errements, jugeant toute étude inutile. Je finis par entrer à l'université de Nankin pour des études d'anglais.

La possibilité d'une bourse dans le cadre de l'Unesco m'ouvrit l'accès à l'Europe. En cette période d'après-guerre, j'avais le choix entre la Grande-Bretagne et la France. Ayant opté en Chine pour l'anglais, langue réputée plus facile pour un Chinois, il me sembla naturel de pencher pour le premier de ces deux pays. Les raisons profondes qui m'ont décidé alors, presque sans hésitation, à me fixer en France, j'en vois, rétrospectivement, trois. D'abord, sa plus que célèbre littérature, riche en matières humaines et en contenus sociaux, en descriptions charnelles et analyses psychologiques, en idées et réflexions également. Ensuite, son raffinement aussi bien dans les créations artistiques que dans la vie courante, comme en témoigne son amour de la gastronomie et du vin, auquel ne saurait demeurer insensible un Chinois. Un fait, enfin, qui a son importance dans la conscience, sinon dans l'inconscient, de ce dernier : la France est le pays du milieu de l'Europe occidentale. Un pays à la géographie variée, ouvert à tous les orients, ayant reçu des influences venant de tous côtés, devenu un creuset où s'entrecroisent les contradictions et les complémentarités, d'où jaillit l'irrépressible besoin de tendre vers l'idéal de l'universalité.

Débarquant à Paris à dix-neuf ans passés, je ne connaissais pas un mot de français. Pas plus que je n'étais en état de mesurer toute la difficulté qui m'attendait à entrer, à cet âge dit « tardif », dans une autre langue, à en maîtriser l'usage, à en faire ma chair et mon sang. Pour que, par la suite, j'aie osé rêver de devenir un jour écrivain français et qu'un jour effectivement je le sois devenu, il m'aura fallu de la détermination certes, mais surtout une bonne dose d'inconscience, sinon d'extravagance. Et de la patience. Un demi-siècle de tâtonnements, de perditions, de relèvements, de fulgurantes joies mêlées de larmes, d'indicibles ravissements toujours sur fond d'inquiétude, de tremblement…

Tout exilé connaît au début les affres de l'abandon, du dénuement et de la solitude. Déchiré entre la nostalgie du passé et la dure condition du présent, il expérimente une souffrance plus « muette », plus humiliante, qui le tenaille : n'ayant qu'une connaissance rudimentaire de la langue de son pays d'adoption, il se voit réduit à un être primaire aux yeux de tous. Baragouinant des mots ou des phrases parfois approximatifs, incapable d'un récit clair et cohérent, il donne l'impression d'être dépourvu de pensées, voire de sentiments. Nancy Huston, dans son très stimulant livre *Nord perdu*, dit qu'un exilé a beau être bardé de diplômes qui attestent de l'ampleur de son savoir, il en vient, ébahi, à envier les moindres enfants qui bavardent là, dans le métro, avec une incroyable volubilité. « Saint langage, honneur des hommes », a dit Paul Valéry. Le poète se plaçait peut-être dans une perspective idéaliste. Ici, à un humble niveau existentiel, l'exilé éprouve la douleur de tous ceux qui sont privés de langage, et se rend compte combien le langage confère la « légitimité d'être ».

Dans le cadre de ma bourse, mon séjour à Paris ne devait durer que deux ou trois ans. Entre-temps, le changement de régime en Chine et l'impossibilité, une fois rentré, de ressortir du pays m'ont renforcé dans ma détermination à demeurer plus longtemps, à profiter de la chance insigne de pouvoir m'initier à fond à la culture occidentale. Plus tard, vers 1957, à la suite de campagnes successives et de persécutions, en Chine, contre les intellectuels et les artistes, toute création personnelle rendue impossible, l'idée de l'exil s'est imposée à moi définitivement. Durant les années 1950 et une bonne partie des années 1960, obéissant à un besoin vital de sortir du mutisme forcé, de m'exprimer en ma langue maternelle, je m'étais adonné à la composition d'une longue série de poèmes, où entraient maints souvenirs vécus liés à une interrogation générale sur le destin humain.

Dans le même temps, comme je suivais à la Sorbonne tous les cours ayant trait à la littérature, je m'étais appliqué, d'abord sans plan précis, puis systématiquement, à traduire en chinois les poètes français, depuis Victor Hugo jusqu'aux contemporains. Accompagnées d'analyses et de commentaires, ces traductions publiées au fur et à mesure dans des revues à Taïwan et à Hongkong eurent un grand retentissement. Réunies en livres, elles contribuèrent à la formation de plusieurs générations de jeunes poètes, y compris ceux de Chine continentale, lorsque, à partir des années 1980, ces livres purent y être répandus ou réédités. Le très long article consacré à Henri Michaux a fait l'objet d'une brochure à part, dont l'influence n'a cessé d'être déterminante. Inutile de dire que ce travail a été pour moi-même une extraordinaire école de formation ; grâce à celui-ci, j'ai eu réellement l'impression de pénétrer l'intimité de ces poètes que j'avais tenté d'approcher avec tant d'acharnement.

Sur le plan de la vie matérielle, l'année 1960 – soit onze ans après mon arrivée en France – a été décisive. Grâce à la recommandation du sinologue Paul Demiéville, j'ai été pris par Gaston Berger comme collaborateur dans le cadre du Centre de la prospective qu'il venait de créer. Sa personnalité aussi bien que sa pensée m'ont profondément marqué. Après son décès accidentel, je suis entré au Centre de linguistique chinoise (École pratique des hautes études, VIe section) [1], dont la fondation était

---

1. Devenu plus tard le Centre de recherches linguistiques sur l'Asie orientale (École des hautes études en sciences sociales).

également due à sa volonté. Ce centre, dirigé par Alexis Rygaloff, a été un lieu propice pour que peu à peu, bien lentement, je m'initie à ce qui se faisait dans le domaine des sciences humaines, alors en pleine effervescence, dominées par le structuralisme. Pour mon intérêt personnel, je ne pouvais qu'être excité par le fait que, avec la linguistique comme « science pilote », s'étaient développées la poétique, puis la sémiologie générale.

Je crois qu'on a raison aujourd'hui de jeter un regard critique sur cette période pour ce qu'elle avait de formaliste et de dogmatique. Mais si l'on acceptait de ne pas jeter le bébé avec l'eau du bain, on pourrait admettre que, du seul point de vue analytique, beaucoup d'éléments nés d'intenses recherches d'alors font désormais partie intégrante de notre démarche intellectuelle, cela dans des domaines aussi variés que l'anthropologie, la sociologie, l'histoire, la psychanalyse, la philosophie, la critique littéraire. Je me félicitais en tout cas, à ce moment-là, d'avoir acquis une méthode qui me permettait d'opérer des investigations dans le domaine chinois, méthode fondée sur des notions de trait pertinent, d'unité et de niveaux constitutifs, d'angle d'observation, de lois d'opposition ou de corrélation, de connotation et de visée symbolique, etc.

Durant plusieurs années (1963-1968), dans ma solitude studieuse, j'ai effectué un pénible travail de recherche et de réflexion, aboutissant à la rédaction d'un mémoire dont le contenu est l'analyse formelle de l'unique œuvre connue d'un grand poète du début des Tang : Zhang Ruoxu (VIIᵉ siècle). Ce travail, remarqué et apprécié par R. Barthes et J. Kristeva, puis par R. Jakobson, va m'amener, durant les années 1970, alors que je commençais une carrière d'enseignant à l'université, à composer deux ouvrages qui constitueront, de l'avis général, un tournant dans l'étude sinologique : *L'Écriture poétique chinoise* (1977) et *Vide et Plein, le langage pictural chinois* (1979), tous deux publiés par les Éditions du Seuil. En raison des échos que ces livres ont suscités, j'ai eu le privilège d'entrer en contact ou en dialogue avec quelques grandes figures qui ont fécondé la pensée en France : J. Lacan, G. Deleuze, E. Levinas, H. Maldiney, H. Michaux, Ph. Sollers, S. Leys comme auparavant j'avais eu la chance de rencontrer T. Tzara, G. Bachelard et G. Marcel.

★

Le parcours que je viens de retracer rappelle opportunément un fait ayant trait à notre sujet, à savoir que, une vingtaine d'années après mon arrivée en France, je suis entré, comme irrésistiblement, dans la langue française. Irrésistiblement, car, pour avoir mené à bien les ouvrages en question, cette langue s'était imposée à moi comme une nécessité évidente. Par les vertus qui la caractérisent, par les concepts qu'elle véhicule, elle m'a été, plus qu'un outil adapté, une sorte de stimulatrice qui me poussait vers toujours plus de rigueur dans la formulation, plus de finesse dans l'analyse. En effet, si je devais décrire les vertus du français, je ne me contenterais pas du mot

« clarté », trop général, trop vague. Je dirais plutôt qu'intrinsèquement il contient une série d'exigences : à l'intérieur d'une phrase et entre les phrases, exigence de cohérence d'idée par rapport au sujet-agent ; sur le plan syntaxique, parmi les nombreuses possibilités offertes, exigence d'une structure charpentée et « ramassée » ; au niveau de l'emploi des mots, exigence de précision et de justesse dans les nuances.

Ces qualités du français, qui s'épanouissaient à merveille dans des textes théoriques, ne devenaient-elles pas un obstacle, du moins pour moi, lorsque je voulais m'investir dans la poésie ? Ce fut le dilemme que j'eus à affronter à partir des années 1980. Tout en continuant mes travaux de « passeur », avec des écrits sur la pensée esthétique et des monographies consacrées aux peintres du passé, je savais, la cinquantaine atteinte, qu'il était grand-temps de retrouver le chemin de la création personnelle, un chemin qui ne s'était jamais vraiment interrompu en moi. Durant toutes les années écoulées où mon énergie avait été drainée ailleurs, je n'avais cessé, en réalité, de confier la voix surgie du tréfonds de mon être à la poésie, écrite pour une bonne part en chinois, mais de plus en plus fréquemment en français. Le moment était venu de faire face au dilemme ; la nécessité de dire les choses essentielles en vue d'une œuvre constituée m'obligeait à poser de nouveau la question fondamentale de l'outil. Le mot « outil » n'est guère approprié : la poésie ne se sert pas d'un langage ; elle est l'art du langage même. N'y avait-il pas lieu, en ce cas, de revenir à ma langue maternelle ? Par le pouvoir évocateur de ses signes, par la mobilité de leurs combinaisons aptes à provoquer des fulgurances, le chinois est une langue hautement poétique. Ajouté à cela le fait que je commençais à m'imposer, toujours à Taïwan et à Hongkong, non seulement comme traducteur, mais aussi comme poète.

Quant au français, les données me paraissaient plus complexes. A première vue, cette langue de rigueur et de précision ne semble pas se prêter à la poésie. Il y eut certes Villon et Ronsard mais, durant les grands siècles classiques où elle brillait de ses éclats, elle s'était avant tout illustrée par d'exceptionnels prosateurs et dans l'art de la conversation. Un changement était intervenu au XIXᵉ siècle. Il y eut Lamartine, Hugo et Baudelaire ; il y eut la révolution dans le langage poétique entreprise par Laforgue, Rimbaud et Mallarmé, continuée au XXᵉ siècle par un Apollinaire, un Reverdy et par les surréalistes. Je n'oublie pas non plus tout l'apport d'un Claudel, d'un Valéry ou d'un Saint-John Perse. Il en résulte un langage poétique souple, malléable, plein de ressources. Devant cette situation, je ne doutais pas qu'un choix était à faire. Opter pour le chinois aurait été une voie certes plus facile. J'en avais la maîtrise naturelle. Je connaissais bien la tradition poétique qui l'avait nourri, enrichi. Je pouvais forger un langage qui reprendrait l'héritage du passé, tout en y introduisant des éléments nés de la conscience de la modernité. C'était d'ailleurs ce que les poètes chinois hors de Chine, y compris moi-même, commençaient à faire. D'un autre côté, indéniable était le fait que je vivais en France. Rien ne pouvait plus faire que j'eusse ignoré la grande tradition occidentale, que je ne fusse environné de la musique d'une autre langue, que même en rêve, dans mon inconscient, ne vinssent se mêler à des murmures maternels des mots secrets mus par une autre sonorité. J'étais, pour tout dire, devenu quelqu'un d'autre, indéfinissable peut-être, mais autre. Il me fallait sans doute m'arracher d'un terreau trop natif, trop encombré de clichés – un terreau, répétons-le, qui ne sera nullement abandonné, qui, au contraire, servira toujours de substrat, d'humus –, afin d'opérer une plus périlleuse métamorphose, d'inaugurer un dialogue plus radical. Sans trop entrer dans les détails, disons simplement qu'après un temps de tergiversations, je m'étais engagé résolument dans une création poétique en langue française. Rétrospectivement, aujourd'hui, je puis affirmer que si abandonner sa langue d'origine est toujours un sacrifice, adopter avec passion une autre langue apporte des récompenses. Maintes fois, j'ai éprouvé cette ivresse de re-nommer les choses à neuf, comme au matin du monde[1].

Ce qu'est ma poésie issue de deux traditions poétiques « symbiosées », je l'explici-

---

1. Cette jubilation de baptiser l'univers par des noms ou des signes, comme au matin du monde, chacun peut l'éprouver à sa manière. A ce propos, je ne résiste pas à l'envie de restituer une scène vivace vécue par ma petite-fille. Elle avait cinq ans et, comme la plupart des enfants de cet âge, elle ne lisait pas encore. Quelques mois auparavant, ses parents s'ingéniaient à lui faire comprendre le système phonétique fondé sur l'alphabet. Chaque fois que je la voyais, je m'appliquais aussi à lui répéter : « Tu vois, M + A = MA, P + A = PA, J + E = JE, T + U = TU. » Elle me regardait, intéressée, sans saisir au juste ce que cela impliquait. Un matin, elle était avec nous dans la voiture ; ma femme conduisait. A un feu rouge, nous nous arrêtâmes à la hauteur d'une boulangerie. Je lui dis : « Regarde l'enseigne, comme c'est écrit, ça se lit : BOU-LAN-GE-RIE. » Elle répéta après moi et, tout d'un coup, elle comprit. Plus loin, comme nous longions une rue commerçante, elle se mit, avec mon aide, à lire toutes les enseignes : LA-VE-RIE, COR-DON-NE-RIE, CA-FÉ, FRAN-PRIX. Une intense excitation s'empara d'elle. Car, devant elle, s'ouvrait soudain, béant, l'univers des signes, avec sa généreuse promesse d'une richesse sans fond. Arrivée à la maison, elle se précipita dans sa chambre, ramassa, à côté de son lit, le livre de petits contes qui traînait par terre. La veille encore, elle avait supplié sa maman, pour la vingtième fois, de le leur lire, à elle et à sa sœur. A présent, devant sa sœur ébahie, elle lisait, tout à la fois péniblement et allègrement, car elle connaissait le conte par cœur. D'avoir pu ainsi assister, de manière aussi précise, à cet instant d'une fulgurante révélation fut une des mémorables émotions que j'ai vécues dans ma vie.

terai plus loin. Auparavant, je voudrais observer d'assez près comment j'ai approché cette langue « neuve », comment j'en ai tiré richesse pour nourrir ma substance poétique. Pour nous en tenir au seul aspect concernant les signes, comme je suis façonné par l'écriture idéographique où chaque signe forme une unité vivante et autonome, j'ai une sensibilité particulière pour la sonorité et la plasticité des mots. J'ai tendance, tout bonnement, à vivre un grand nombre de mots français comme des idéogrammes. Ceux-ci sont idéogrammes, non par des traits graphiques bien sûr, puisqu'ils relèvent d'un système phonétique – encore que la graphie de certaines lettres ne me soit pas indifférente : A, homme ; E, échelle ; H, hauteur ; M, maison ; O, œil ; S, serpent ; T, toit ; V, vallée ; Z, zébrure, etc. –, c'est phonétiquement qu'ils incarnent l'idée d'une figure. Pour illustrer mon propos, les exemples concrets sont indispensables. Au lieu de les citer pêle-mêle, dans un désordre qui risque d'être fastidieux, je me propose de montrer certains mots qui viennent des titres de mes recueils, plus précisément les trois suivants : *De l'arbre et du rocher, Entre source et nuage* et *Qui dira notre nuit.* Chaque mot sera illustré, à son tour, par un poème que la qualité phonique du mot aura inspiré.

Un des plus beaux noms donnés à la plante en question. Phoniquement, et même graphiquement, cela s'élève d'abord (-AR), puis plane là-haut (-B, avec son double rond tout en équilibre), avant de répandre l'ombre bienfaisante (BRE). Au cours de la croissance de l'arbre, il y a la série de sons (-F) qui suggèrent ce qui fuse, foisonne, se fend ou se fond.

Entre ardeur et pénombre
Le fût
Par où monte la saveur de sève
    de l'originel désir
Jusqu'à la futaie
Jusqu'aux frondaisons
    foisonnante profondeur
Propulsant fleurs et fruits
    de la suprême saison

Entre élan
    vers la cime
Et retour
    vers l'abîme
Toute branche est brise
Toute ramure rosée
Arborant l'équilibre de l'instant
Au nom désormais fidèle

Arbre

Le rocher est cette substance qui contient la flamme et les remous de l'Origine, et qui, dans le même temps, se prête sans réserve à notre envie de modeler, à notre besoin de bâtir, nous permettant de nous fixer, de nous dépasser. Phoniquement, c'est un mot qui évoque quelque chose d'enrobé (-ROC) et qui se donne (-CHER). La pierre, elle, est au ras du sol, sans cesse piétinée ; mais sans rancune, elle prolonge notre pied.

Du pied à la pierre
   il n'y a qu'un pas
Mais que d'abîmes à franchir

Nous sommes soumis au temps
Elle, immobile
   au cœur du temps
Nous sommes astreints aux dits
Elle, immuable
   au cœur du dire

Elle, informe
   capable de toutes les formes
Piétinée
   porteuse des peines du monde

Bruissante de mousses, de grillons
   de brumes transmuées en nuages
Elle est voie de transfiguration

Du pied à la pierre
   il n'y a qu'un pas
Vers la promesse
Vers la présence

Le mot « entre », avec son double sens d'intervalle et de pénétration, est suggéré avec une netteté brève par la phonie. Il y a ce son suspendu en l'air (-EN) et qui semble, tel un aigle, attendre la moindre occasion pour pénétrer (-TRE) dans la brèche ouverte par l'espace lorsque deux entités sont en présence, quelle que soit l'intention qui les anime, hostile ou harmonieuse. On connaît l'importance accordée par la pensée chinoise à ce qui se passe entre les entités vivantes, cernées par la notion du Souffle du Vide-médian, tant il est vrai que c'est bien dans l'« entre » qu'on entre, qu'on accède éventuellement au vrai.

Entre

Le nuage
  et l'éclair

Rien

Sinon le trait
  de l'oie sauvage

Sinon le passage
Du corps foudroyé
  au royaume des échos

Entre

SOURCE

La source, c'est bien phoniquement cet élément liquide qui sourd du sol et qui coule. Qui épouse toutes les aspérités du terrain en l'ourlant. Qui n'a de cesse de se murmurer sourdement et de se répondre en écho (-S, -CE).

Source sourde à nos souillures
Sourde même à nos complaintes
Ourlant le sol de ses bulles
De ses billes et frisottis

Parant l'azur de nuées
Et le val d'éclats de pluie
Sourdant coulant le temps nu
Muant tous cris en mélodie

Le nuage est un élément important dans l'imaginaire chinois, d'après lequel il constitue un chaînon dans le processus de la transformation universelle. Le titre de notre recueil poétique *Entre source et nuage* signifie ceci : si, d'une façon générale, une source qui coule en sens unique symbolise le temps irréversible, penseurs et poètes n'oublient pas que l'eau de cette source s'évapore au fur et à mesure ; montée vers les hauteurs, elle se transforme en nuage puis retombe en pluie pour ré-alimenter l'eau. Ainsi, la « linéarité terrestre » est sans cesse rompue par un invisible cercle terre-ciel, qui incarne le vrai ordre de la vie. Pour faire sentir cette substance qu'est le nuage, à la fois terrestre et céleste, matérielle et aérienne, le mot français, avec sa prononciation pleine de *nuances* – un mot beau et proche –, est plus qu'efficace. Ce son du début, –NU, qui, avec légèreté, s'amasse, puis s'élargit doucement et finit par s'évanouir dans l'espace. Par ailleurs, je sais gré à Mallarmé d'avoir, dans le poème « A l'accablante nue… », si magistralement combiné le double sens du mot « nue ». Faire fusionner le corps féminin et la nuée, les plaçant ainsi dans l'infini de la métamorphose, a de quoi toucher un esprit chinois, puisque de tout temps « nue » et « nuée » sont associées aussi dans la tradition poétique chinoise. On y use de l'expression « nuage-pluie » pour désigner l'acte charnel.

Aux imminentes nues
    l'été se révèle transparence
De la chair   fragrance
    plus que le toucher aérienne

Par les brèches des ruines
    arrivent les senteurs d'orage
Soif devenant don
    hors-ciel   dahlias du jour…

Aux imminentes nues
    la terre soudain s'ouvre aux larmes
Proche du corps   du cœur
    pluie de pétales, extase d'étoiles

La nuit étant un thème central de ma poésie, m'est chère une remarque de Mallarmé – lui encore comme il se doit – selon laquelle, phoniquement, le jour, avec son –OUR, est plus sombre que la nuit. J'y suis sensible, tant j'épouse cette vision paradoxale. Que le jour soit plus clair que la nuit, c'est une évidence. Mais, d'après ma perception, la clarté du jour est une lumière déjà donnée là ; on en profite ou on la subit, selon l'humeur du moment. Tandis que dans la nuit, on passe d'abord dans la plongée de l'obscurité, avant de se trouver dans la disposition – ou aspiration – de capter la moindre lueur qui s'offre, une allumette qui craque, une luciole qui passe, une première étoile qui se signale du fond de la voûte céleste… Pour peu qu'on ait un esprit « mystique », on vit par là l'expérience illuminante de toucher la naissance ou la source de la lumière. Oui, on pense à l'expression consacrée de la « nuit mystique ». Non que les mystiques se complaisent dans les ténèbres ; je crois que, véritablement, ils ont tous la nostalgie d'atteindre l'état originel où, au risque d'aveuglant anéantissement, ils pourraient assister au jaillissement même de la lumière, ce que j'ai exprimé dans le quatrain suivant :

Vraie Lumière
    celle qui jaillit de la Nuit
Vraie Nuit
    celle d'où jaillit la Lumière

Ainsi donc, à l'instar de Mallarmé, j'entends, par le nom de la nuit, ce secret enfoui qui luit. Ce qui luit, un croissant de lune, une constellation, tour à tour se voile et se dévoile, comme pour nous rappeler sans fin que la nuit ne sera jamais seulement la nuit :

Nuit qui réunit
Nuit qui désunit
Qui diminue
Qui démunit
Rien qui n'y soit à jamais aux abois
Aux abois ceux qui s'éveillant se souviennent

Car la nuit avait beau tendre sa toile
Sur l'océan s'est égarée une voile

Nuit qui essuie
Nuit qui guérit
Qui déconseille
Qui désemplit
Rien qui n'y soit désormais à l'abri
A l'abri ceux qui se souvenant reviennent

Car la nuit s'est déchiré le voile
Une seule flamme unit toutes les étoiles

A ce point de ma progression me revient en mémoire, comme par inadvertance, un vers où j'évoque toute la sensualité d'un paysage vécue dans mon adolescence, en Chine : « L'échancrure des collines. » La phonie d'un mot en français a le don de déclencher en moi un souvenir charnel, avec un raccourci saisissant que je ne saurais réussir en chinois. L'apprentissage de ce mot était lié à une image plus que vivante. C'était aux premiers temps de mon séjour en France. J'étais tombé, lors d'une lecture, sur ce mot à la sonorité inhabituelle et dont le petit dictionnaire que je possédais n'indiquait que le sens premier (« empiètement en arc de la mer sur une côte »). A l'Alliance française, où je suivais des cours, profitant d'une pause, je demandai à la jeune répétitrice l'usage exact de ce mot. « Ah, échancrure ! c'est... » et de dessiner du doigt devant sa poitrine, avec beaucoup de simplicité, les lignes de sa robe gracieusement décolletée. Une chair à la fois montrée et cachée selon une exacte mesure. Aussitôt, ce mot prit pour moi une connotation sensuelle. Rien ne peut plus qu'il ne me ravisse par ses syllabes phoniquement signifiantes : ÉCHAN, quelque chose qui s'ouvre, qui se révèle, qui enchante, et -CRURE, qui cependant se resserre pour dissimuler un mystère tentateur. Par la suite, comme en écho, me plairont d'autres mots terminés par la finale -ure ; celle-ci semble prolonger une secrète trace délicatement ou fermement dessinée : épure, diaprure, cambrure, rainure, ciselure, zébrure, brûlure, déchirure... Pour une raison analogue, mais à l'inverse, j'affectionne certains mots dont la terminaison suggère un élargissement, une ouverture, quand le sens du mot va dans le sens de la vie : visage, rivage, paysage ; ou rivière, lisière, clairière. Et le mot « intervallaire », employé par moi, qui, suscitant l'image du Vide-médian et du principe féminin, entraîne toute une série de mots qui désignent ces lieux de forme vulvaire, lieux de la réceptivité, de la vie portée et de la transformation, que sont val, vallon, vallonnement, vallée.

A partir de là, puisque l'attention est attirée et l'intérêt éveillé, on est à même de s'immerger dans un généreux vivier de sons qui évoquent efficacement – à mes oreilles du moins – couleurs, parfums, saveurs, aspects, sensations, mouvements, cela dans tous les domaines, en botanique, du côté des noms de fleurs ou de fruits, en géométrie et en architecture, du côté des formes élémentaires ou complexes, en gastronomie, en œnologie, en parfumerie, en haute couture, en quincaillerie même. On se laisse séduire aussi par des mots simples, trop usagés peut-être pour qu'on leur accorde du prix : miroitant, moiré, torsadé, camaïeu, arôme, effluve, croquant, moelleux, velouté, onctueux, nonchalant, véloce… Personnellement, j'affectionne bien le son « goût » : car, pour le prononcer, on fait appel, près de la gorge ou du gosier, aux muqueuses de la langue et du palais, lesquelles délicatement activées font venir l'eau à la bouche. D'où mon faible pour toute la série de mots qui semblent – je ne tiens nul compte de l'étymologie – en découler : gourmand, goûteux, goulu, goulûment, gouleyant, engouement, dégoulinant, engoulevent. Dans ma gloutonnerie, je ne refuse ni ragoût, ni salmigondis ; et de temps à autre, je prête une oreille indulgente à ceux qui, avec gouaille, « bagoulent ». Il y a des mots compliqués qui signifient ce qu'ils signifient : embrouillamini, abracadabrant, tarabiscoté, entourloupette, emberlificoter. Il y des mots ayant une tension interne, comme « claquemurer » ou « arc-bouter ». Il y a des mots futiles, aussi concrets et imagés que les objets disparates sur l'étal d'un brocanteur : babiole, bibelot, billevesée, breloque, lambrequin, brimborion, baliverne, faribole, fanfreluche[1].

Toutes les langues fournissent des mots ayant une prononciation proche mais un sens éloigné, voire contraire, comme en anglais

---

1. Au cours de mes lectures, je tombe de temps à autre sur des auteurs qui se plaisent à souligner, en passant, la valeur phonique de certains mots français. Je pense notamment à F. Ponge, à J. Gracq et à P. Claudel.

« *fight or flight* » (lutte ou fuite). Dans ma poésie, j'ai souvent rapproché des mots pour provoquer un effet inattendu : germe-terme, cime-abîme, fission-fusion, éteule-étale, butoir-blutoir. Ou cet exemple, plus spécifique :

«Violette violentée

Rouge-gorge égorgé »

Ces derniers exemples montrent que, pour ce qui est des mots, la poésie ne les envisage pas seulement sous leur forme isolée. Elle tire sa force magique de leurs rencontres, ou de leurs entrechoquements. Sur ce point, j'ai été certainement marqué par le système idéographique, dans lequel chaque signe forme une unité vivante et autonome, conservant par là toute sa capacité souveraine d'aller à la rencontre d'autres signes. La tradition poétique chinoise ne se privait pas de proposer des binômes ou des trinômes pour engendrer des espaces imaginaires mus par de virtuelles déflagrations. Et moi-même, je prends plaisir à les introduire dans ma poésie en français : « ciel-terre-homme », «Yin-Yang-Vide-médian », « mont-fleuve », « pinceau-encre », « nuage-pluie », « dragon-

phénix », « serpent-tortue », « vent-sable »,
etc. Je n'hésite pas non plus à disséquer les
mots composés afin de les rendre à leur
implication originelle : « in-su », « in-ouïe »,
« in-visible », « in-saisi », « en-tente », « ex-
tase », « dés-orienté », « re-connaissance »,
etc.

★

Tout ce qui vient d'être dit m'amène à ré-
affirmer, si besoin est, que, si j'ai embrassé la
langue française et, à travers elle, épousé toute
une tradition poétique en Occident, je n'ai
jamais cessé d'être inspiré par ma tradition
poétique native qui, loin de m'alourdir,
continue à me porter dans le sens de la croissance, telle une vieille nourrice fidèle. Entre
le terreau ancien et toutes les nouvelles
plantes que j'y ai fait pousser s'est opéré, à
n'en pas douter, un fécond va-et-vient.
L'osmose qui en résulte est à ce point intime
que, faute d'une lucidité suffisante, je suis
incapable de faire la part des choses, hormis
justement des éléments lexicaux que j'ai

traités plus haut. Est-il possible cependant de cerner la question quant à savoir en quoi consistent les deux traditions poétiques, quelle est la nature spécifique de chacune, quels sont les thèmes essentiels qui ont habité mes poèmes ? Il vaut sans doute la peine de tenter d'y répondre, car, ce faisant, nous restons au cœur de notre réflexion sur le dialogue, en lien étroit avec le problème des langues.

Portons d'abord notre regard du côté de la Chine. Depuis le *Livre des odes*, une poésie s'y est développée de façon ininterrompue durant trois mille ans. Elle a ouvert un large éventail de genres et de formes, connu d'incessantes transformations. A son apogée, sous les Tang et les Song (VIIe-XIIIe siècle), on comptait quelques milliers de poètes, dont au moins une centaine de grande valeur. Les plus connus en Occident sont les trois grandes figures appartenant à la même génération et dont chacune représentait un des trois courants de pensée de la culture chinoise, à savoir Li Bo le taoïste, Du Fu le confucéen et Wang Wei l'adepte du bouddhisme. A première vue, il semble malaisé de trouver un trait commun aux œuvres de ces trois poètes. Toutefois, si l'on fait abstraction de certaines formes plus longues, plus développées, de type descriptif ou narratif, ainsi que des ballades et des complaintes marquées par la fantaisie, la tourmente ou la révolte, on se trouve en présence d'une veine poétique – que partagent non seulement les trois poètes mais tous ceux qui sont venus après eux – qui exploite pleinement la spécificité de la langue et de l'esprit chinois. Une poésie où le poète, par des procédés d'ellipse et d'allusion, par l'abandon au jeu des métaphores qui suscite la résonance du non-dit, fait vivre une expérience de vacuité, cela aussi bien au niveau des signes qu'à celui de sa conscience et, au travers de cette expérience, entre en intime communion avec les éléments de l'univers vivant. S'il faut qualifier l'essence de cette poésie, c'est l'esprit du *chan*, lequel, rappelons-le, est le fruit d'un mariage heureux entre le bouddhisme indien et le taoïsme chinois. Une poésie qui cherche à laisser parler le paysage et les choses, à laisser transparaître entre les signes un état de communion où l'invisible a sa part.

Tournons à présent notre regard vers l'Occident : on y constate également une poésie riche de complexité et de variété. Pourtant, si l'on cherche coûte que coûte à trouver une formule qui caractérise sa démarche fondamentale, tout en tenant compte des faits historiques, je fais une fois de plus appel à Mallarmé. Celui-ci, cherchant à remonter à l'origine de l'inspiration poétique, à rendre leur pureté « aux mots de la tribu », affirme que la poésie − spécifiquement celle de l'Occident − est « une explication orphique de la terre ». Orphée, le poète à la lyre, ordonne par son incantation le mouvement des rochers, des arbres et des animaux et, par là même, insère le destin de l'homme dans l'ordre de la Création. Y a-t-il plus haute tâche pour le poète ? A mes yeux en tout cas, la formule de Mallarmé est adéquate ; tous les grands « chantres de l'être » en Occident n'ont fait que tendre vers cette tâche.

Si ce qui précède ne paraît pas trop simpliste, il y a donc deux voix/voies auxquelles je me suis référé, celle du *chan* et celle d'Orphée. Quelle que puisse être la différence qui les sépare, je crois déceler un point commun qui les unit : toutes deux impliquent de la part de celui qui chante qu'il subisse le passage d'une « néantisation ». On sait qu'au cœur du chant d'Orphée demeure l'incontournable drame qu'est la mort d'Eurydice. Plus tard, ce thème sera renforcé par la vision christique. C'est ainsi que, plus tard encore, Goethe a pu lancer la lapidaire injonction : « Meurs et deviens ! » Pour ce qui est de la Chine, comme nous l'avons indiqué plus haut, le processus poétique, à l'instar de l'existence même, passe par le « non-avoir » ou le « non-être » — le *xu* et le *wu* chez les taoïstes et les bouddhistes ; le *xu-xin* chez les confucéens —, expérience indispensable pour accéder à la vraie source des choses, le souffle n'ayant de cesse, depuis sa base, d'effectuer le passage du non-être vers l'être. A ce propos, on se souvient du précepte de Lin-ji, maître *chan* des Tang, et de celui de Qing-deng, maître *chan* des Song. Ce dernier a fixé, de manière abrupte, les trois étapes de la perception et de la connaissance.

Voir la montagne
Ne plus voir la montagne
Re-voir la montagne

La première étape indique l'état ordinaire dans lequel la montagne s'offre à notre vue sous son aspect extérieur auquel on s'habitue, sans se demander d'où vient le mystère de sa présence, quelle richesse nous pouvons tirer d'un lien secret avec elle. La deuxième étape est l'état d'obscurité, voire d'aveuglement où l'on se trouve ; on est contraint d'exercer le Troisième Œil, qui apprend à voir la présence de l'autre de l'intérieur, d'assister à ce par quoi l'autre advient et, du coup, à voir ce par quoi soi-même advient. Parvenu à la troisième étape, le sujet ne se trouve plus dans une position de vis-à-vis par rapport à l'objet, il se laisse pénétrer par l'autre en sorte que sujet et objet sont dans un devenir réciproque, un va-et-vient de présence à présence. Le revoir est une illumination qui rappelle que le propos de la vraie vie n'est pas la domination mais la communion. Tout se passe comme si l'être n'était pas perçu comme une donnée légitime, un dû ; il faut connaître une sorte d'effacement originel avant d'accéder à l'être, au voir, au pouvoir de chanter.

Après avoir indiqué le point apparemment commun, il convient d'en souligner la différence. En Occident, au mythe d'Orphée est venue se greffer, nous l'avons dit, la vision christique. Au sentiment de la séparation s'est ajouté celui de la chute. L'espérance de la résurrection est comme différée, située qu'elle est à la fin des temps. La conscience du tragique est prégnante chez l'individu – à plus forte raison chez le poète –, qui tente, par un acte de volonté, d'affirmer son désir toujours inachevé, son insatiable besoin de dire, d'où le thème constant de la quête. En Chine, la quête n'est point absente de la tradition poétique, comme en témoigne le genre *Chu-ci,* le « chant du Chu » inauguré par Qu Yuan (IIIᵉ siècle avant J.-C.), le premier poète non anonyme (sorte de Dante chinois). Exilé de son royaume à la suite de calomnies, il laissa le *Li-sao,* un long chant qui relate sa quête à la fois réelle et spirituelle. Il mourut en se jetant dans la rivière Mi-lo. Mais, à côté de cette veine illustrée par des continuateurs au long des siècles, s'est développé le courant devenu majeur, celui du *chan*. Ce courant privilégie donc l'illumination de l'instant qui transcende le temps, une illumination qu'on obtient par le dépouillement et la vacuité, c'est-à-dire par l'effacement d'un sujet trop plein de soi. On sera alors à même de rejoindre l'univers vivant non selon l'apparence, mais de l'intérieur. Car l'adepte de cette vision a foi en le Souffle primordial qui anime toutes entités vivantes : entrer dans sa grande rythmique, c'est entrer dans l'universel écoulement. Il est invité à une sorte de consentement : rejoindre un état originel où prend source la promesse de vie, accepter de vivre les choses simples d'ici, ce que confirme la formule imagée de « savourer la richesse de la vie dans l'humble geste de porter de l'eau et de couper du bois ».

Au début du XXe siècle, un grand poète occidental, à partir du fonds chrétien, s'est approché aussi, durant sa longue quête, des spiritualités de l'islam et du bouddhisme. Conjuguant intuition et réflexion, il parvint, dans ses ultimes œuvres, à une vision étrangement proche de ce à quoi tendaient certains grands poètes chinois, tout en faisant montre, bien entendu, d'une compréhension toute personnelle du mystère de la Création. Il s'agit de Rainer Maria Rilke. Dans les *Élégies de Duino*, après avoir traversé les thèmes traitant de diverses formes de la tragédie existentielle, il put déclarer, dans la IXe élégie, que notre tâche sur cette terre, qui n'a jamais abandonné son rêve de devenir invisible, consiste à consentir à notre destin terrestre, à nommer les choses simples d'ici. « Peut-être sommes-nous ici pour dire : maison, pont, fontaine, porte, cruche, arbre fruitier, fenêtre ; ou encore colonne, tour... Oui pour dire tout ce que les choses elles-mêmes jamais ne pensèrent être dans leur intimité. » Du fond du cœur, le poète est persuadé que dire vraiment, c'est le commencement du pouvoir vivre ; et chanter, c'est être. Dans les *Sonnets à Orphée*, d'emblée, il affirme la primauté du Souffle, par lequel Apollon, ou l'Ange, ou le Poète célébrant relie le double royaume de la vie et de la mort. En dépit des souffrances que nous procure la vie, tout ce que la terre et les saisons produisent de bon est bon pour nous initier à la Voie qui mène du fini vers l'infini, du visible vers l'invisible. En sorte que, dans le dernier sonnet − dont on ne signale jamais assez l'importance −, le Poète, sur un ton libéré du doute, invite chacun de nous à entrer dans le courant de la Transformation :

Silencieux ami de nombreux lointains, sens
Comme ton souffle accroît encore l'espace.
Dans la charpente des sombres beffrois
Consens au carillon.   Ce qui vit de toi

Deviendra fort par cette nourriture.
Entre dans la mutation, entre et sors.
Quelle est ta plus douloureuse expérience ?
Si boire t'est amer, deviens vin.

Sois, dans cette nuit de démesure,
La force magique au carrefour de tes sens,
Le sens même de leur étrange rencontre.

Et si ce qui est terrestre t'a oublié,
Dis à la terre immobile : je coule ;
A la rapide eau dis : je suis*.

A la suite de Rilke et de bien d'autres, je
me range humblement mais fermement dans
la cohorte de ceux qu'on peut qualifier,
approximativement, de « poètes de l'être ».
Ceux pour lesquels la poésie n'est pas seulement un lieu où l'on vient consigner ses états
de sentiment ou de conscience, les élans, les
regrets, les tourments, les plaisirs d'un individu avide d'effusion. Au moyen du langage,
qui contient en soi notre énigme, elle entend
appréhender le mystère de l'univers créé et
du destin humain, avancer une possibilité de
connaître et d'être. Dans mon cas personnel,
je ne recherchais pas une approche par trop
facile et directe, en me complaisant dans la
nostalgie personnelle, en composant des
poèmes bien typés, c'est-à-dire brefs et
elliptiques, au charme « extrême-oriental ».
C'était peut-être ce qu'on attendait de moi.
Ouvert à tous vents, surtout à ceux venus de

----

* Traduction de J. F. Angellos.

ma terre d'accueil, j'ai subi influences et métamorphoses. J'ai résonné à la voix orphique et christique. Une force inconnue, grandie en moi, m'a poussé à devenir ce « pèlerin », ce « quêteur » qui tente de renouer non tant avec le passé qu'avec ce qui peut advenir. En octobre-novembre 2001, la Maison de la poésie de Paris m'a accordé cinq semaines de séances publiques, chaque semaine étant consacrée à l'un de mes cinq recueils. Spontanément, j'ai proposé ce titre général : « Dialogue avec le Vivant ». Je n'eus pas de peine à me rendre compte qu'effectivement ma poésie était placée sous le vocable du dialogue, convaincu que n'est pas un hasard le fait que l'homme soit devenu un être de langage dans l'ordre de la Création, que son devoir même est de nommer, et combien plus de dialoguer, cela à tous les niveaux du Vivant, depuis les éléments jusqu'à la transcendance. Un dialogue généralisé, où la dimension tragique de notre existence est constamment prise en compte. C'est ainsi que mon premier recueil, *Double Chant*, composé de deux parties (« Un jour, les pierres » et « L'arbre en nous a parlé »), est un dialogue avec les éléments. Le recueil sui-vant, *Cantos toscans*, est un dialogue élargi avec la terre qui nous porte, cette « vallée où poussent les âmes » selon l'expression de John Keats. *36 poèmes d'amour*, eux, sont un dialogue avec le mystère de la passion humaine. *Qui dira notre nuit* sonde la dimen-sion mystique de notre être. Quant au *Livre du Vide-médian*, le dernier en date, c'est une « traque » de tout ce qui naît entre les entités vivantes dans le sens de la Vie – lequel implique la montée du visible vers l'invisible, du fini vers l'infini –, de tous les instants surgis dans l'intervalle et qui donnent accès à l'Ouvert, tant il est vrai que s'il n'y a plus « rien de nouveau sous le soleil », tout est toujours nouveau par ce qui « naît entre ». On aura compris, le dialogue, dans ma poésie, ne se présente pas sous la forme conventionnelle de « questions-réponses » ; il est « commune présence » – selon l'expres-sion, cette fois-ci, de René Char – qui tou-jours s'élève, fruit d'échange sans fin. On aura compris aussi qu'il s'agit d'une poésie où la pensée réflexive n'est pas absente, mais elle est charnelle, nullement cérébrale. La

notion de chant et de scansion y a une certaine importance. Cela ne signifie pas un
quelconque retour à ce qu'on peut appeler le
« ronron du mètre classique ». Pour avoir tra-
duit tant de poètes, je connais bien la pro-
sodie française. Mais, formé par la poésie
chinoise, j'ai un goût prononcé pour le
respir rythmique. Aussi, à partir de l'unité
syllabique, m'efforcé-je d'alterner ou de
combiner le pair et l'impair. Pour ce qui est
des effets phoniques, je crois avoir une oreille
assez fine pour saisir la musique du français.
Je ne me lasse pas des effets consonantiques :
clair tintement d'une corde pincée, franche
plasticité d'une pierre ciselée, sourds échos
d'un bronze frappé ; ni du charme que produit une chaîne vocalique : bruissement
d'une eau vive à multiples méandres, ou d'un
fleuve à ample coulée [1].

---

1. Ici, sans qu'il y ait forcément un lien direct, je pense
spontanément à un vers célèbre de Rimbaud, auquel je suis
particulièrement sensible : « O saisons ô châteaux ». Pour
moi, un des charmes de ce vers vient du contraste qui
existe entre les deux substantifs. « Saisons » se remarque par
sa qualité vocalique et féminine, et « châteaux » par sa
sonorité consonantique, nettement affirmée. Toujours d'un
point de vue phonique, mais sémantique aussi, « saisons »

J'écris ces lignes en ce mois de mars 2002 à la Villa Mont-Noir, dans le nord de la France. Tel un message qu'au moment opportun une oie sauvage apporte, une lectrice canadienne, Brigitte Bournival, après lecture de ma poésie, m'écrit : « Il y a dans votre poésie le savoir de cette langue dans ce qu'elle a, à la fois, de plus tranchant et de plus évocateur. Chaque syllabe sous votre plume devient évocation du vocable en son entier, comme si votre langue d'origine vous permettait de faire apparaître notre langue dans la vibration même de ses mots, en la désencombrant des circonvolutions trop discursives qui nous faisaient souvent ne plus l'entendre. »

évoque un temps cyclique qui parvient à son point de clôture, rond comme un fruit ; « châteaux », en revanche, fait penser à un espace qui se prolonge au loin, l'impression du prolongement étant accentuée par le son -O, repris en écho par -EAU. Les châteaux en question ne doivent donc pas faire partie de ces bâtisses jalousement fermées et protégées ; ils font plutôt allusion à d'anciennes demeures exposées à l'intrusion du dehors, envahies qu'elles sont d'abondantes herbes sauvages. D'où l'idée d'une infinie nostalgie que tout le vers dégage.

★

Qu'en est-il du problème du langage lorsque, vers la fin des années 1980, j'aborde enfin l'écriture du roman ? Car j'ai toujours su que j'aboutirais un jour à ce genre littéraire majeur. Je traînais en moi ce trop-plein de « tranches de vie » et de successives ruminations pour que je n'éprouve le besoin de les décharger dans une forme capable de les recevoir et de les transformer en quelque substance plus durable, plus significative. Une forme autre que la poésie, laquelle vise avant tout à capter l'essence des choses, en laissant de côté beaucoup d'éléments vécus, heureux ou douloureux, étalés dans le temps, et qui contiennent leur part de révélation. Je suis pourtant venu au roman sur le tard, mon effort, jusque-là, étant concentré ailleurs ; et surtout j'étais conscient que l'écriture du roman nécessite la possession aussi complète que possible des moyens d'expression. Là, le problème du langage pouvait de nouveau se poser. N'aurait-il pas été plus simple alors, dans mon cas, de recourir à ma langue maternelle ? D'autant que dans mon premier roman, *Le Dit de Tianyi*, l'histoire se déroule en grande partie en Chine et que le second roman, *L'éternité n'est pas de trop*, a pour cadre la Chine du XVIIᵉ siècle. Je crois que les raisons pour lesquelles j'ai persisté à me servir du français sont du même ordre que celles que j'avais vis-à-vis de la poésie, peut-être d'une manière plus aiguë encore. Bien des faits sont à la base de ces raisons que je vais essayer d'énumérer. D'abord ceci. L'histoire du premier roman se déroule principalement en Chine certes, mais une partie non négligeable a lieu en France et en Europe. De même dans le second roman, on voit, au cœur de la société chinoise du XVIIᵉ siècle, surgir un personnage occidental, le premier missionnaire jésuite qui soit venu en Chine, dont la parole a eu une répercussion dans l'évolution spirituelle du personnage central. Ensuite, les personnages et les événements relatés dans le roman, qu'ils soient réels ou imaginaires, ont été repensés, re-modelés durant de longues années par la mémoire. Or, ce travail de mémoire, je l'ai effectué en français, qui était devenu ma langue quotidienne et qui ne m'avait jamais fait défaut en mes éveils comme en mes rêves. Cette langue, loin de faire écran, m'a créé les conditions d'une prise globale, d'une distanciation, m'évitant le danger de clichés et de références toutes faites. Cette langue dite d'emprunt m'est devenue en réalité une méta-langue ; elle me procure un regard en quelque sorte « transcendantal », par lequel les souffrances, les absurdités, les drames singuliers ou collectifs tirés de l'abîme sont révélés, éclairés, reliés implicitement à des lois plus générales, et par là prennent sens. Faut-il préciser ici que cette langue est porteuse d'une littérature analytique illustrée par une lignée d'écrivains, qui va de Madame de Lafayette à Proust en passant par Stendhal et Flaubert, à laquelle je me réfère ? Ultime raison, et pas la moindre, de mon utilisation du français : certains critiques et lecteurs ont bien voulu comparer mes romans à des « chants épiques » ; je ne récuse pas cette expression, sachant que par ma création poétique je possède à ma manière la musique de cette langue et que j'ai le bonheur de l'introduire aussi dans mon écriture romanesque.

Au terme de ce récit des différentes étapes de mon itinéraire, on peut constater sans peine que ma vie intellectuelle aura été marquée par une double passion, celle pour le dialogue et celle vouée à une langue qui est justement l'instrument par excellence du dialogue. La première des deux passions a exigé de moi un effort constant vers la réceptivité et l'assimilation ; la seconde, autrement plus semée d'épreuves, a comporté son lot de découragement, de désespoir, ou de risques de perte d'équilibre. Mais comment le regretter ? L'enjeu en a valu largement la peine ; une certaine forme de plénitude m'a été accordée au bout du chemin. Je pense que, si j'étais resté dans ma langue maternelle, tout en apprenant le français comme un instrument de type « universitaire », je serais devenu un « spécialiste » de tel ou tel aspect de la culture française. Or, telle n'est nullement ma vocation, à moins qu'on puisse considérer mes traductions des poètes français en chinois comme le travail d'un « spécialiste ». En m'investissant totalement dans le français, je me voyais obligé de m'arracher à ce qui faisait mon passé et d'effectuer le plus grand écart que constitue le passage d'une écriture idéographique de type isolant à une écriture phonétique de type réflexif. Cet arrachement et cet écart, ne m'ayant pas fait me perdre en chemin, m'auront permis de me ré-enraciner, non seulement dans ma terre d'accueil, ce qui est déjà beaucoup pour un exilé, mais proprement dans l'être, puisque, par cette nouvelle langue, j'ai accompli l'acte, je le répète, de nommer à neuf les choses, y compris mon propre vécu. Celui-ci, certes, s'était initialement nourri de ma langue native, mais cette vieille nourrice humble et fidèle, à vrai dire, n'a jamais renié l'enfant qu'elle avait élevé, ni l'adolescent qu'elle avait protégé. Si, par la grâce d'une rencontre décisive, l'enfant devenu adulte a épousé une autre langue, elle est demeurée présente, toujours disponible, prompte à porter secours. Habité à présent par l'autre langue, sans que cesse en lui le dialogue interne, l'homme aux eaux souterrainement mêlées vit l'état privilégié d'être constamment soi et autre que soi, ou alors en avant de soi. A la rencontre des choses, il éprouve la sensation de jouir d'une approche « stéréophonique » ou « stéréoscopique » ; sa

perspective ne saurait être que multidimen-
sionnelle.

★

Parvenu à ce stade, mon récit pourrait
prendre fin. Je sais pourtant que je ne peux
me dispenser d'une ultime considération.
Par-delà l'aventure linguistique, n'y a-t-il pas
lieu d'étendre notre regard en le tournant,
à nouveau, vers un questionnement plus
global, celui qui touche l'échange culturel en
général, dont l'urgence nous concerne tous ?
Je dis « à nouveau » car, ce faisant, je ne fais
que rejoindre mes propos de départ par lesquels j'ai précisé notre posture, ou notre pos-
tulat de base, à savoir que, en nous fondant sur
une conception unitaire et organiciste de
l'univers en marche, avancée par les anciens
penseurs chinois, nous nourrissons la confiance
– peut-être naïve mais indéracinable – en la
possibilité de communication et de circulation entre les entités vivantes de cet univers,
aussi bien qu'entre les produits culturels qui
en découlent.

Sans doute toute grande culture se doit-elle de tendre vers l'universel, puisque la culture est là essentiellement pour répondre à un certain nombre de questions d'ordre universel et, par là, permettre aux hommes de vivre ensemble. Comment nier cependant que toute culture a un aspect spécifique ? A partir de conditions géographiques et historiques particulières, elle se forge une forme d'organisation et d'aspiration qui rend possible la vie collective. Elle subit dans le temps des évolutions : à un moment donné de son développement, elle opère un certain tournant puis prend une certaine direction. Cela est normal : le propre de la Voie ne réside-t-il pas dans un continuel processus de transformations ? Mais la spécificité d'une culture ne doit nullement s'opposer à l'universel. Au contraire, l'idéal de toute culture digne de ce nom consiste précisément à créer des conditions pour qu'à partir d'un angle de vue et d'une sensibilité forcément particuliers, on puisse jouir de tout ce que la Vie et l'Humain peuvent comporter de virtuel. Cela à l'instar d'une plante enracinée dans un sol, laquelle, une fois assurée sa présence au grand air, tendue vers le ciel, ne met aucune restriction à la captation du soleil, de la pluie et du vent dont elle a besoin, à la réception de ce que la Création offre comme potentialité vitale. En revanche, une spécificité érigée en but, figée dans une forme définitive, aura tôt fait de rétrécir la culture en question et finira par l'asphyxier. Puisque nous venons de nous servir de l'image de la plante comme élément de comparaison pour illustrer notre propos, continuons sur celle de la forêt, qui incarne bien le foisonnement de l'ordre de la Vie. Une forêt dispose de nombreux sentiers. Celui qui s'y engage est obligé de choisir un des sentiers, qui le mènera dans une seule direction ; il ne peut pas suivre tous les sentiers à la fois. Avec le temps, il finira peut-être un jour par connaître toute la forêt, tout ce que la forêt recèle et promet. Encore que, ne pouvant pas être partout à la fois, il lui manquera toujours les miracles qui se renouvellent sans cesse à chaque instant et à chaque recoin. Il lui serait bon de connaître ce que les autres ont vu et vécu en suivant d'autres sentiers. D'autres perspectives, d'autres manières d'envisager, de s'approprier le monde, d'autres possibilités de vivre. Sous peine de mourir, toute grande culture cherche d'instinct à se régénérer, à se métamorphoser. Personne ne risque de perdre son âme en s'enrichissant d'autres apports qui lui sont utiles. L'âme, ce principe d'*anima*, est par définition sa capacité à lier et à se relier. D'expérience je sais : on ne peut connaître sa propre meilleure part que grâce à la connaissance de la meilleure part de l'autre ; sa propre meilleure part s'épanouit d'autant au contact de la meilleure part de l'autre. A ce propos, je peux donner une illustration concrète. Une part importante de mes œuvres est consacrée à la pensée esthétique et à l'art de la Chine. Par une série d'essais et de monographies, je suis devenu celui qui a fait connaître au public français la peinture chinoise en général et quelques grands peintres particuliers. Pourtant, c'est en découvrant la grande aventure des Renaissants italiens du XIV\ au XVI\ siècle que j'ai éprouvé le besoin de retrouver l'équivalent de cette aventure en Chine. Ce fut alors pour moi la redécouverte de l'art pictural du VIII\ au XIII\ siècle. Avec la connaissance de ces deux peintures, j'étais à même de comparer leur différence, mais également de les faire dialoguer, pour aboutir à la passionnante figure de Cézanne, point de jonction possible entre la peinture chinoise moderne et celle de l'Occident. De même, c'est en découvrant les sculptures sur les tympans des églises romanes et gothiques que j'ai redécouvert les sculptures bouddhiques chinoises de l'époque des Wei (Ve et VIe siècles).

Je vais tenter, en cette ultime phase de mon développement, de faire part d'une ou deux idées concernant l'expérience d'un possible dialogue au niveau de la pensée entre l'Occident et la Chine, telle qu'elle est vécue par une conscience façonnée initialement par la pensée chinoise. Compte tenu de la dimension du présent texte, je ne peux que me contenter d'affirmations forcément sommaires. Je suis conscient qu'en disant les choses de façon schématique, ou « simpliste », je cours le risque de déformer les idées que j'aborde. Mais courons ce risque. Mon intention est avant tout de contribuer à une réflexion générale. Après tout, un authentique échange requiert de la part des interlocuteurs une disposition spontanée, pour ainsi dire sans prévention. Une compréhension, même partielle, peut être féconde si elle suscite le désir d'écoute, l'effort de dévoilement et, finalement, l'inattendu partage et l'inespérée transmutation.

Les admirables acquis de l'Occident dans le domaine des idées, indéniablement, sont un bienfait pour l'humanité entière. Parmi eux, je distingue en particulier deux notions, que tous les pays non occidentaux se doivent de faire leurs, à savoir la notion de Sujet et celle de Droit. A partir d'une logique duelle – séparation du sujet et de l'objet, et principe du tiers exclu – le penseur occidental, dès les Grecs, a dégagé l'être humain du reste du monde vivant, ce qui lui a permis d'opérer des observations et des analyses systématiques. Plus tard, à l'intérieur même des êtres humains, on a isolé cette entité indépendante qu'est le sujet pensant. Plus tard encore, on a cherché à établir des règles de droit afin de protéger le statut du sujet en question. Si je tourne mon regard vers la nation dont je suis originaire, je vois combien ces concepts constituent des apports indispensables pour ce pays dans sa marche vers une authentique modernité. Non que la pensée chinoise n'ait pas posé la question de la personne humaine ; au contraire, elle est de celles qui ont élevé l'homme à sa dignité et affirmé sa place et la responsabilité de chacun au sein de l'univers vivant. Témoin la triade confucéenne Ciel-Terre-Homme, témoin aussi l'injonction du Maître : « S'établir soi-même et puis établir les autres. » Et le taoïsme a engendré une vision assez radicale de la liberté humaine. Pourtant, quelque chose a semblé manquer. Il a manqué peut-être à cette pensée d'avoir suffisamment détaché la personne humaine des liens qui l'environnent, scruté à fond toutes les implications de sa nature spécifique et, surtout, garanti, par des moyens appropriés, l'intégrité ou l'unicité de son existence. La plupart des intellectuels modernes sont conscients de cette lacune. Ils parlent du « déficit du côté du Deux », le Deux désignant le Sujet en face de l'Objet, ou le Sujet en face d'un autre Sujet. En revanche, aucun Chinois, apparemment, n'est prêt à renoncer à un élément essentiel qui vient du fond de la pensée chinoise, qu'il devienne bouddhiste, musulman, marxiste ou chrétien. Cet élément est ce qu'il convient d'appeler le Trois. Nous avons pu montrer que, selon cette pensée, une vue cosmologique et globale s'appuie sur l'idée du Souffle et que le fonctionnement de ce Souffle est ternaire. Rappelons donc, sous peine de répétition, qu'on distingue trois types de souffle qui agissent en concomitance : le Yin, le Yang et le Vide-médian. Ce dernier, un souffle en soi, est là lorsque le Yin et le Yang sont en présence. Il est indispensable ; c'est lui, lieu de circulation vitale, qui aspire le Yin et le Yang et les entraîne dans un processus d'interaction et de transformation mutuelle. Le Vide-médian est proprement le Trois — que les confucéens traduisent par l'idée du Milieu juste —, qui, né du Deux, permet au Deux de se dépasser. La pensée chinoise, convaincue qu'un sujet ne peut l'être que par d'autres sujets, a compris la nécessité du Trois, seul capable de prendre en charge le Deux tout en le transcendant. On est là en présence d'un schéma idéal. Seulement voilà, comme le Trois naît du Deux, un vrai Trois ne peut avoir lieu que dans le cas d'un vrai Deux. A défaut de créer les conditions d'un vrai Deux, surtout dans le domaine humain (par rapport à la nature, la Chine a eu une riche expérience qu'elle ne doit pas oublier), le vrai Trois reste souvent une virtualité. D'où tout l'intérêt d'une leçon que la Chine peut recevoir de l'Occident.

Inversement, l'Occident, qui a si longtemps privilégié et pratiqué la démarche du Deux, est-il prêt à penser, ou à re-penser, le Trois, non à le considérer sur le seul plan théologique, mais à envisager sa généralisation dans les moindres domaines de la vie pratique ? Car le Sujet en question, qu'il a érigé en statut autonome, aboutissant à l'individualisme à outrance, superbe assurément – tel qu'il apparaît en tout cas dans son miroir narcissique –, se montre parfois singulièrement fragile, non lié qu'il est à l'être de l'univers créé, coupé pour ainsi dire de l'originelle racine. Cet individu, dont les sciences dites humaines ont fouillé de fond en comble la conscience, les désirs, les complexes toujours plus complexes à force de tourner sur soi, est en réalité un déraciné, un solitaire qui a le don de « réduire » le monde vivant en objet de conquête ou de décor. « Toujours en face, s'était lamenté Rilke, jamais plus en connivence, en reliance ! »

Je n'ai garde d'oublier les grandes figures, Hegel, Nietzsche, Husserl ou Levinas. La place me manque pour argumenter ici. Disons simplement qu'à mon humble avis leurs percées restent encore dans une perspective dominée par la problématique du Deux. L'intuition d'un Merleau-Ponty et d'un Maldiney m'est infiniment proche. A présent, de nombreuses voix, émanant de penseurs féconds, commencent à se faire entendre. Ils sont d'accord avec moi, ou moi avec eux, pour penser que, lorsque les interlocuteurs en présence se proposent de rechercher ensemble le vrai et le beau, selon l'exigence de la Vie, seul critère de valeur, le Trois qui naît d'eux, drainant la meilleure part de chacun d'eux, est la seule transcendance devant laquelle ils s'inclineront volontiers. Le vrai Trois — ni terrain neutre, ni coup de vent qui passe, encore moins compromis qui n'est qu'un sous-Deux – ne peut être là que si le vrai Deux est ; mais, une fois là, il est l'authentique Voie qui tend vers l'Ouvert et l'Infini.

Je pourrais compléter mon propos par l'observation suivante. Si dans l'ordre de la Matière, il nous est donné de formuler des théorèmes par lesquels des faits objectifs se vérifient invariablement, dans l'ordre de la Vie en revanche, tout ce qui a lieu résulte toujours d'une rencontre, chaque fois singulière, entre un sujet et un autre sujet, entre le sujet et le réel. Prenons les trois Excellences platoniciennes. La bonté implique toujours une relation réelle et personnalisée, laquelle revêt un contenu et un devenir chaque fois spécifiques. Il en va de même pour la vérité de vie. De même aussi pour la beauté, car il n'y a d'authentique beauté que révélée. Celle révélée par un tableau de Cézanne par exemple résulte de la rencontre décisive entre le peintre et la montagne Sainte-Victoire. Cette rencontre se fait d'ailleurs à de multiples niveaux. Du côté de la montagne d'abord, entre divers éléments qui la composent : poussée géologique interne, concaténation des rochers stratifiés, houle des végétaux sous l'effet du vent, lumière changeante selon les heures, etc. Du côté du peintre, entre son état présent et toutes les expériences vécues et assumées, entre son regard personnel et ceux d'autres créateurs valables qu'il a pu croiser au cours de son cheminement. C'est alors que, le moment étant enfin mûr, l'interaction entre l'homme et la montagne est à même de se produire. Et, comme le pensait déjà Schelling, une vraie œuvre ne se réalise qu'au prix de cet échange en profondeur. Ce qui se réalise est justement un Trois qui, né du Deux, dépasse le Deux. Comme quoi, il est permis aussi d'affirmer que l'accomplissement de Cézanne, comme toute personne, n'est pas en lui-même, mais en avant de lui, quand il consent à tendre vers une autre présence capable de le révéler et le transfigurer.

Je ne doute pas que, malgré les crises qu'elle traverse – j'écris ces dernières lignes en ce mois d'avril 2002 –, la France, où je rencontre tant d'êtres de raison et de sages anonymes, demeure le lieu à partir duquel une telle pensée, qui est de fait son idéal, peut s'épanouir et se propager.

A propos d'une calligraphie

On sait que l'écriture chinoise est idéographique, faite d'un nombre important d'idéogrammes. Un dictionnaire de grande dimension peut en contenir plusieurs dizaines de milliers ; l'usage courant, toutefois, n'exige d'en connaître que trois mille environ. Les idéogrammes sont simples, composés de quelques traits, ou complexes, généralement de deux parties. Tous sont répartis et rangés, dans un dictionnaire, sous les 214 radicaux, appelés aussi clés, comme la clé du feu, la clé de l'eau, la clé de l'arbre, la clé de l'animal, la clé de la main, la clé du cœur, etc. Chaque clé, partie intégrante d'un idéogramme, est censée indiquer la catégorie de choses à laquelle ce dernier appartient : ainsi, le mot « rivière » comporte la clé de l'eau, le mot

« sapin » celle de l'arbre, le verbe « tenir »
celle de la main, le verbe « aimer » celle du
cœur.

Compte tenu de ce qui vient d'être expli-
cité, on pourrait peut-être mieux appréhender la calligraphie qui figure sur la
couverture et reproduite ici. Il s'agit de deux
caractères qui signifient respectivement le
chinois 汉 et le français 法, mais combinés
en une seule figure. Cette combinaison a été
rendue possible par le fait que, par un hasard
heureux, les deux caractères ont la même clé,
à savoir celle de l'eau, constituée de trois
points superposés se trouvant dans la partie
gauche de chaque caractère. Pourquoi la clé
de l'eau ? Le caractère qui désigne le chinois
et qui se prononce *han* était à l'origine le
nom d'une rivière. Quant au caractère se
prononçant *fa,* qu'on a choisi pour désigner
le français, il signifie la loi ; car, aux yeux des
anciens, une eau vive qui coule incarne la loi
naturelle de la vie. Dans la calligraphie en
question, on ne manque pas de remarquer
que les deux caractères chinois-français superposés partagent la même clé. Ainsi mariés, ils

symbolisent à merveille « l'homme aux eaux souterrainement mêlées » dont parle notre texte.

Reste à rappeler que la calligraphie est une pratique artistique. Un art du trait fondé sur l'idée du souffle – qui est à la base de la pensée chinoise –, jouant à fond le jeu du plein et du délié, de la rigueur et de la grâce, exploitant le contraste entre droites et courbes obliques, entre structure échafaudée et structure constellée. La visée suprême, à travers chaque caractère, qui est un réseau de traits organisés autour d'un centre, est d'atteindre une présence charnelle animée par la résonance rythmique. Ici, en l'occurrence, dans la partie gauche, les trois points en structure constellée ; à droite, en haut, deux obliques entrecroisées et, en bas, les traits horizontaux et verticaux entrelacés. Le tout compose une figure parlante, dont le point final, en bas à droite, semble prolonger l'écho.

Cet ouvrage a été transcodé
et achevé d'imprimer
par l'Imprimerie Floch à Mayenne,
en mars 2006.

N° d'impression : 65296.
Dépôt légal : mars 2006.
Imprimé en France.